Die Wespen-imitierenden Langhornkäfer

Eine fotografische Reise durch fünf *Necydalis*-Arten

Necydalis gigantea gigantea Kano, 1933.

Office Atact

Insect in the Landscape

ISBN: 9798304307635

Ich danke von Herzen *Necydalis*, das mich immer wieder aufs Neue begeistert.

Necydalis niimurai Hayashi, 1949, stat. rev.

INHALT

VORWORT

Mimikry in der Natur ist absolut erstaunlich. Stellen Sie sich eine Orchideenmantis vor, die sich so nahtlos als Blume tarnt, dass sie nicht nur ihre Beute, sondern sogar das menschliche Auge täuscht. Oder denken Sie an einen Totenblattfalter, dessen komplizierte Muster nicht von einem vertrockneten Blatt auf dem Waldboden zu unterscheiden sind. Diese Wunderwerke der Täuschung sind erst der Anfang. Zu den Meistern der Mimikry gehören auch Langhornkäfer, die Wespen bemerkenswert ähneln.

Die Gattung *Necydalis* ist bekannt für ihre Wespenmimikry. Diese Gruppe umfasst etwa 50 Arten weltweit, von denen ungefähr 10 in Japan vorkommen. Hier werde ich fünf Arten vorstellen, die in Japan beobachtet werden können.

Die *Necydalis*-Käfer sind Insektenliebhabern, insbesondere Langhornkäfer-Enthusiasten, gut bekannt. Ihre bemerkenswerte Mimikry ist jedoch so faszinierend, dass sie auch das Interesse von Menschen wecken kann, die normalerweise keine Beachtung für Insekten haben.

Alle Fotos in diesem Buch wurden in natürlichen Umgebungen ohne jegliche Sammlung aufgenommen. Ich hoffe, sie inspirieren Sie dazu, die Freude und das Staunen zu schätzen, diesen Kreaturen in freier Wildbahn zu begegnen.

Necydalis niimurai Hayashi, 1949, stat. rev

1. WRUM WESPEN NACHAHMEN?

Mimikry ist eine außergewöhnliche Überlebensstrategie. Indem sie Wespen nachahmen, die von vielen Räubern instinktiv gemieden werden, verringern diese Käfer ihre Chancen, angegriffen zu werden. Diese Anpassung steigert nicht nur ihre Überlebensrate, sondern erzeugt auch eine faszinierende Illusion für menschliche Beobachter.

Doch jedes Mal, wenn ich diese Käfer fotografiere, frage ich mich: „Warum ist die Mimikry so detailreich?" Wenn man sie im Flug beobachtet, ist es fast unmöglich zu erkennen, ob das Insekt eine Wespe oder ein Langhornkäfer ist.

Es steht fest, dass die Gattung *Necydalis* Wespen zum Schutz imitiert, aber die Präzision ihrer Mimikry ist erstaunlich. Sie ähneln sogar parasitären Schlupfwespen, was eine faszinierende Wendung hinzufügt: Diese Käfer könnten genau die Wespen nachahmen, die sie parasitieren.

Obwohl es einer Schlupfwespe stark ähnelt, handelt es sich hierbei tatsächlich um einen Langhornkäfer.

Necydalis niimurai Hayashi, 1949, stat. rev.

Jedes Mal, wenn ich diese Käfer fotografiere, bin ich erneut beeindruckt von der schieren Anzahl parasitärer Wespen in ihrer Umgebung. Eine genauere Beobachtung zeigt, dass die Mitglieder

der Gattung *Necydalis* diese parasitären Wespen genau nachahmen und so eine weitere Schicht der Komplexität zu ihrem bemerkenswerten Mimikry hinzufügen.

Die Ironie, dass ein „Langhornkäfer, der eine Wespe imitiert", von genau der Wespe parasitiert wird, die er imitiert, ist gleichermaßen faszinierend und schwer vollständig zu beschreiben.

Interessanterweise sind nicht nur Käfer der Gattung *Necydalis*, sondern auch solche der Gattung *Xylotrechus* für ihre Wespenmimikry bekannt. Im Englischen werden diese Käfer häufig als "WASP MIMIC BEETLES" bezeichnet. Dieser Begriff wird insbesondere in Europa (einschließlich Großbritannien) sowie in Nordamerika und Australien weit verbreitet verwendet und fasst die Essenz ihrer Mimikry prägnant zusammen.

Darüber hinaus werden Käfer der Gattung *Xylotrechus* spezifisch als "WASP BEETLES" bezeichnet, während Käfer der Gattung *Necydalis* als "WASP-MIMICKING LONGHORNBEETLES" beschrieben werden. Diese Unterscheidung hebt die Unterschiede in ihren Mimikry-Strategien und Erscheinungsformen hervor.

Die Gesichtsmerkmale sind auffallend ähnlich denen einer Wespe.
Necydalis niimurai Hayashi, 1949, stat. rev.

Wespen-imitierende Langhornkäfer der Gattung *Xylotrechus* („WESPENKÄFER")

Xylotrechus zebratus Matsushita, 1938, (Jun. 2016 Yamanashi Pref.)

Xylotrechus villioni (Villard, 1892) (Sep. 2007 Yamanashi Pref.)

Eine Art Langschwanzwespe sowie drei weitere nicht identifizierte Arten.

In Japan gibt es 10 Arten von Käfern der Gattung **Necydalis**. Hier möchte ich die fünf Arten vorstellen, die ich fotografieren konnte.

Necydalis gigantea gigantea Kano, 1933.

1) *Necydalis niimurai* Hayashi, 1949, stat. rev.

1) Länge: 12,5 - 30,0 mm

2) Etymologie: Benannt nach Taro Niimura, einem japanischen Lepidopterologen. Ursprünglich als Unterart von *Necydalis formosana* Kano, 1933, betrachtet, wurde sie 2018 in den Rang einer Art erhoben. Dennoch wird sie von vielen Enthusiasten in Japan weiterhin liebevoll „*formosana*" genannt. Übrigens bedeutet „*formosana*" „aus Taiwan".

3) Wirtspflanzen: Arten der Gattung *Symplocos* (z. B. *Symplocos tanakana*) und andere Mitglieder der Familie Symplocaceae.

4) Fotografiezeitraum: Juli

Eiablage auf *Symplocos tanakana*.

Unter den Arten der Gattung *Necydalis* ist diese Art relativ leicht zu beobachten. In der Region Kanto wird sie häufig in Höhenlagen von 1.300 bis 1.500 Metern gefunden. Sogar in Tokio kann sie an Orten wie Tomin-no-Mori und dem Berg Mitou beobachtet werden.

Für Erstbeobachter könnte es schwierig sein, sie als Langhornkäfer zu erkennen. Sie wird oft an stehenden, abgestorbenen Bäumen von *Symplocos tanakana* gesehen.

Nachdem ich das Foto gemacht hatte, blies ich es an, und es flog energisch davon.

Mitglieder der Gattung *Necydalis* verharren manchmal in einzigartigen Körperhaltungen.

Es ernährt sich von Pilzen, die auf einem *Symplocos tanakana* gewachsen sind.

Larger individuals can often be found near the roots of *Symplocos tanakana*.

1) Länge: 11,4 - 32,0 mm

2) Etymologie: Der Ursprung des Artnamens „*solida*" ist unbekannt, obwohl er in den wissenschaftlichen Namen verschiedener Pflanzen, Muscheln und Korallen erscheint.

3) Wirtspflanzen: Laubbäume, insbesondere Buchen.

4) Fotografiezeitraum: Mitte Juni bis Anfang Juli

Es ist bekannt, dass diese Art häufig an Buchen anzutreffen ist. In Mischwäldern aus Buchen und Kastanien wurde sie jedoch oft an stehenden, abgestorbenen Kastanienbäumen beobachtet. In diesen Mischwäldern war sie ab Mitte Juni zu sehen, nach Mitte Juli wurde sie jedoch nicht mehr gesichtet.

Ein Pseudoskorpion, eine kleine Spinne, die einem Skorpion ähnelt, aber
keinen Schwanz hat, klemmte sich an das mittlere Bein.

1) Länge: 10,5 - 21,8 mm

2) Etymologie: Der Name „*harmandi*" wurde Dr. J. Harmand gewidmet, einem französischen Diplomaten, der zur diplomatischen Beziehung zwischen Japan und Frankreich beitrug, insbesondere zur Zeit des Ersten Chinesisch-Japanischen Krieges und des Russisch-Japanischen Krieges im späten 19. und frühen 20. Jahrhundert. Der Name erscheint auch im wissenschaftlichen Namen *Leptura (Strangalia) harmandi* Pic, 1901, der heute als Unterart von *Leptura mimica* Bates, 1884, angesehen wird. Es scheint, dass sein Name auch in anderen Insektenarten vorkommt, wie *Eumantispa harmandi* und *Isodontia harmandi* (Perez, 1905)."

3) Wirtspflanzen: Laubbäume

4) Fotografiezeitraum: Ende Juli bis Anfang August

Ich habe diese Art an demselben stehenden toten
Kastanienbaum fotografiert, an dem ich zwei Monate zuvor
Necydalis solida beobachtet hatte. Auf den ersten Blick hielt ich sie
für eine Wespe, aber bei genauerem Hinsehen erkannte ich, dass es
sich um einen Langhornkäfer handelte.

4) *Necydalis odai* Hayashi, 1951.

1) Länge: 11,0 - 25,4 mm

2) Etymologie: Benannt nach „Oda", der sie 1948 erstmals sammelte. Unter Liebhabern wird sie oft „*odai*" genannt."

3) Wirtspflanzen: Japanische Mizunara-Eiche (*Quercus crispula*), der einzige bekannte Wirt.

4) Fotografiezeitraum: Ende Juli bis Anfang August

Es ist leicht zu übersehen, wenn man nicht genau hinschaut.

Manchmal kann man Exemplare an abgestorbenen Teilen von Mizunara-Eichen oder fliegend in Waldgebieten sehen.

Es ist relativ schwer zu finden, möglicherweise weil es in bergigen und subalpinen Regionen vorkommt, wo die Mizunara-Eiche seine Wirtspflanze ist, und seine Erscheinungszeit in der beobachteten Umgebung mit etwa zwei Wochen extrem kurz ist.

Ein Weibchen, das Eier in einer Baumhöhle legt.

Die folgenden Bilder zeigen das Äußere der Höhle und die erste Sichtung dieser Art.

In der Höhle einer Mizunara-Eiche. Es ist klein, aber suchen Sie weiter.

5) *Necydalis gigantea gigantea* Kano, 1933.

1) Länge: 19,8 - 36,0 mm
2) Etymologie: Der Artname „gigantea" bedeutet „Riese" auf Latein und spiegelt ihren Status als größte *Necydalis*-Art wider.
3) Wirtspflanzen: Ein breites Spektrum an Bäumen, darunter Maulbeerbäume, Zelkoven, Kastanien und Buchen.
4) Fotografiezeitraum: Ende Juni

※ Alle folgenden Fotos wurden am 25. Juni 2023 gegen 14:40 Uhr in der Präfektur Nagano aufgenommen.

Bis ich es mit meiner Kamera überprüfte, war ich unsicher, ob es sich um eine Papierwespe oder einen Langhornkäfer handelte.

Diese Art ist landesweit verbreitet und wird als Japans repräsentativer „Nationaler *Necydalis*" vorgestellt (1).

Alte Maulbeerbäume dienten einst als die primären Wirtspflanzen für diese Art. Historisch gesehen wurden Maulbeerbäume in Japan weit verbreitet angebaut, um die Seidenindustrie zu unterstützen. Mit dem Rückgang der Seidenproduktion nahm jedoch die Anzahl der Maulbeerbäume drastisch ab, und um das Jahr 2000 waren sie nahezu verschwunden.

Infolgedessen ist die Beobachtung dieser Art äußerst schwierig geworden. In letzter Zeit wurde sie jedoch gelegentlich an alten Zelkoven gefunden.

Der wissenschaftliche Name des wespenähnlichen Langhornkäfers, *Necydalis*, stammt aus dem Griechischen. Es wird berichtet, dass Aristoteles diesen Begriff verwendete, um „den Kokon des Seidenspinners, der Seide produziert", zu beschreiben (2).

Auf Grundlage dieser Etymologie ist es faszinierend zu überlegen, dass der wissenschaftliche Name *Necydalis* das Bild eines „wespenähnlichen Langhornkäfers, der Maulbeerbäume als Wirtspflanze nutzt", hervorrufen könnte. Die Vorstellung von der

Geschichte und den Hintergründen, die in wissenschaftlichen
Namen verborgen sind, gehört vielleicht zu den vielen Freuden, die
das Studium von Insekten bietet.

3. Videos von drei *Necydalis*-Käferarten

Über den QR-Code unten können Sie Videos von den drei in diesem Buch vorgestellten *Necydalis*-Arten ansehen. Diese Videos wurden während Pausen zwischen den Fotosessions aufgenommen und zeigen kurze Clips, die ihr Verhalten präsentieren. Einige Aufnahmen könnten leichte Fokusprobleme aufweisen, wofür wir um Ihr Verständnis bitten.

Inhalt der Videos

Necydalis niimurai
(1) Verhalten in der Nähe des Baumstamms
(2) Verhalten auf stehendem Totholz
(3) Paarung und Eiablage

Necydalis solida
(1) Paarung und Eiablage
(2) Verhalten auf stehendem Totholz

Necydalis odai
Eiablage in einer Baumhöhle

4. Nachwort

Vielen Dank, dass Sie bis hierhin gelesen haben.

Als ich zum ersten Mal eine Kamera in die Hand nahm, war ich beeindruckt davon, wie nahtlos sich Insekten in ihre Umgebung einfügen. Doch nach Jahren der Beobachtung von *Necydalis*-Käfern begann ich, Mimikry nicht nur als Interaktion zwischen Räuber und Beute zu sehen, sondern als etwas, das die Essenz der „Landschaft" verkörpert.

Leider wird es jedes Jahr schwieriger, diese „Landschaft" zu erleben, was bei mir Gefühle von Traurigkeit und Frustration auslöst. Trotzdem hoffe ich, weiterhin nach den wenigen verbliebenen Landschaften zu suchen, in denen noch Insekten zu finden sind.

Necydalis niimurai Hayashi, 1949, stat. rev.

Bei der Beobachtung von Insekten im Freien empfehle ich die Verwendung einer Kamera oder eines Fernglases. Wie in diesem Buch beschrieben, können Sie Details genau untersuchen, z. B. Langhornkäfer, die Wespen imitieren. Außerdem können Sie feine Bewegungen und Muster erkennen, die mit bloßem Auge schwer wahrzunehmen sind.

Die Zeit, die Sie damit verbringen, Insekten zu beobachten und zu fotografieren – umgeben von natürlichem Licht, Wind und Vogelgesang und manchmal auch Regen –, ist eine unersetzliche und wertvolle Erfahrung. Tauchen Sie ein in die von Insekten geschaffenen natürlichen Landschaften und genießen Sie ihren tiefgründigen Reiz mit allen Sinnen.

Necydalis solida Bates, 1884.

Office Atact (Insect in the Landscape)

Kontaktinformation

Bitte nutzen Sie das E-Mail-Formular

Quellenangaben

(1) Mushi-sha. (2018) The longhorn beetles of Japan (Iconographic Series of Insect No. 10, pp. 271-284). Tokyo, Japan: Mushi-sha.

(2) Keiichi Kusama: Research history of the genus *Necydalis*. ELYTRA, vol. 1 No. 1-Nov. 1973, vol 2, No.1-May 1974 (The Journal of Japanese Society of Coleopterology).

Website von Office Atact

1. Langhornkäfer in der Landschaft

Diese Website zeigt Landschaftsfotografien mit Langhornkäfern. Alle Fotos wurden im Freien aufgenommen, und es wurden keine Exemplare gesammelt. Da die Bestimmung ausschließlich auf den Fotografien basiert, können Fehler auftreten, und die Inhalte sollten nicht für eine endgültige Artenbestimmung verwendet werden.
Falls Sie Fehler finden, bitten wir Sie höflich um Ihr Feedback. Wir werden die Informationen umgehend korrigieren oder entfernen. Sie können die Website über den untenstehenden QR-Code aufrufen.

2. Insekten in der Landschaft

Diese Website zeigt Käfer (*Coleoptera*) und Wanzen (*Hemiptera*) außer Langhornkäfern. Ähnlich wie bei den Landschaften mit Langhornkäfern basiert die Bestimmung ausschließlich auf Fotografien, daher sollten die Inhalte nicht für eine endgültige Artenbestimmung verwendet werden.
Falls Sie Fehler finden, bitten wir Sie höflich um Ihr Feedback. Wir werden die Informationen umgehend korrigieren oder entfernen. Sie können die Website über den untenstehenden QR-Code aufrufen.